Heike Baller

Stadt – Natur

Heike Baller

Stadt – Natur

Von Heike Baller außerdem erschienen:

Mein Jahr in Haiku

Impressum

Bibliografische Information der Deutschen Nationalbibliothek:
Die Deutsche Nationalbibliothek verzeichnet diese Publikation in der Deutschen
Nationalbibliografie; detaillierte bibliografische Daten sind im Internet über http://dnb.dnb.de
abrufbar.

© 2022 Heike Baller

Fotos: Heike Baller

Herstellung und Verlag: BoD – Books on Demand, Norderstedt

ISBN: **9783755778240**

Eine Art Vorwort

Am Stadtrand zu wohnen hat vielerlei Vorteile – Stadt und Land hocken hier eng beisammen:

- ➢ Pferdekoppeln auf dem Weg zum Einkauf
- ➢ Kuhweiden neben der Straßenbahnhaltestelle
- ➢ Ein Wäldchen für Spaziergänge handlich in der Nachbarschaft

In diesem Umfeld mache ich meine Morgen-, Mittags- oder Nachmittagsrunden. Eine Strecke von rund fünf Kilometern, mal schnell, mal langsamer abgeschritten, im Wechsel von Tages- und Jahreszeiten. Die große Ausnahme: Regen.

Nee, da muss ich nun wirklich nicht raus. Aber wenn's mich dann überrascht …

In meinen Haiku nehme ich Sie mit – die Straße entlang, auf den Wegen an Wiesen und Bach vorbei und am Ende in den Wald.

Vieles sehe ich täglich – und sehe es dann auf einmal ganz neu und frisch. Das sind die Momente, in denen mich Zeilen einfangen, ihnen zu folgen. Ich tu es gern.

Ich hoffe, Sie haben Freude, mich auf meinen Runden zu begleiten.

Pssst: Ja, es sind auch ein paar Urlaubseindrücke dazwischen …
Und ein paar Eindrücke aus anderen Lebensbereichen 😊
Das Hauptthema der Sammlung ist aber das Neben- und Miteinander modernen Lebens mit dem an Natur, was uns in unseren Städten so bleibt.

Im Gegensatz zu meinem ersten Band sind die Haiku hier nur sehr vereinzelt in meinem Blog „Kölner Leselust" erschienen.

Herzliche Grüße
Heike Baller

Köln, im Dezember 2021

Eine Hecke steht,

drin: Bäumchen-Busch-Busch–Bäumchen

Vorgartenordnung.

Blinkende Lichter,

Farbharmonie mit Herbstlaub.

Der Müllwagen kommt.

Sport- neben Reitplatz:

Fußballjubel übertönt

die Reitkommandos.

Das Frühstückspicknick:
Morgens auf der Bank im Park
Freund:innen treffen.

Silberne Fahne

weht im Morgensonnenlicht –

der Schweif des Schimmels.

Vom toten Baum aus

späht der Bussard nach seinem

Lebensunterhalt.

Das einzelne Blatt
hat mehr gesehen. Es winkt wild
im ruhigen Laub.

Da hüllt mich ein der
heruntergekommenen
Wolke feuchtes Grau.

Schwebende Netze,
aufgespannt, schwankend – Spielzeug
für Sonne und Tau.

„Birke" = „Anmut".

Auch alt und moosummantelt

hat sie einfach Stil.

Rote Stockrosen

winken über die Mauer –

der Friedhof liegt still.

Gesprächsfitzelchen,

en passant gehört, bilden

mir mein Kopfkino.

Fernblicksillusion:

Wolken formen Landschaften,

zartgrau gezeichnet.

Stadtkakophonie,

garniert mit bunten Tupfen:

Vogelgezwitscher.

Der Efeu klimmt hoch
zum kahlen Wipfel – saftgrün,
seinen Wirt mordend.

Hanglage, Moos, Zeit
und Wetter gestalten die
Eiche als Skulptur.

Augustnachmittag:
Trübes Licht bei heiteren
Temperaturen.

In flirrendem Licht,

blaugrüngetupft, schweben – nur

zum Atmen hinauf.

Morgentauglitzernd
tanzen die Grasähren im
sanften Sommerwind.

Insekten eilen,

die Morgensonne wärmt spät:

„Carpe diem" heißt's da.

Nebel betten sich

auf Wiesen, zwischen Wipfel,

hüllen sie in Schlaf.

Auch ein trüber Tag
gewinnt an Charme durch feines
Goldblattornament.

Das Leben bricht auf:

In Pflasterfugen sprießt es:

Gras, Moos, Löwenzahn.

Waschmitteldüfte
bleiben stehen, nachdem der
Jogger vorbei lief.

Lichttupfenbestreut

künden dunkle Wolken vom

nahen Gewitter.

Beinah' gefangen!

Trudelnd entflieht mir das Blatt –

wie das Licht dem Herbst.

Kommunikativ:

Im Auto zu zweit – per Chat

Gruppenmitglieder.

Novemberausflug:

nicht Grün oder Blau, sondern

Rot, Braun, Gold und Grau.

Blau blitzt's durchs Grau,

Regen zieht ab, hinterlässt

frisch duftendes Grün.

Schmetterling auf Grün –
Blatt statt Blüte zum Ausruh'n
für'n satten Falter.

Hell- und dunkelgrau,

lasiert, zerrauft, blaugrundiert –

Wolkenspiel galore.

Im Regen atmen

die Wälder ihre Wärme

als Dampfwolken aus.

Wenn das Nebel-Nichts
nur die Ferne schluckt, ist es
nicht Phantásien.

Einige Tropfen

schaffen den Weg durch das Laub,

treffen auf Menschen.

Das Brombeerlaub gibt
die tiefgrüne Basis für das
Herbstlaubfarbenspiel.

Bekannte Wege –

jeden Tag begegnet mir

der Wald als Fremder.

Will Herbstlaub fangen -

vergeblich langt die Hand ins

schwebende Gewirr.

Das Flugzeugdröhnen
untermalt Vogelzwitschern
trotz größrer Höhe.

Der Krone beraubt

lässt die alte Buche nun

ihre Rinde los.

Goldnes Sonnenlicht

lauert hinter Graugewölk

auf seinen Durchbruch.

An- und abschwellend
klingt's im Wald, mal Solo, mal
Duett der Sägen.

Ein Herbstblättchen schwebt,

links, rauf, runter, rechts – pausiert:

's ist der Herbst-Spanner.

Mai- und andres Grün

mit Gelb und Weiß gepunktet –

mein Frühlingswald.

Maigrün leuchtet's auf –
der Sonnenstrahl findet im
Dickicht feuchtes Moos.

Im Regengraugrün

des Morgenwalds leuchtet's auf –

's sind Fahrradlampen.

An manchem Baumstumpf
liegen Schätze verborgen
für Wildschwein & Co.

Tierischer Kontakt:

Wedelnd, schnüffelnd, kläffend – und:

streichelbedürftig.

Kinder auf Rädchen,

Hunde an Leinen – der Wald,

die Ausführmeile.

Waldmöglichkeiten:

Ruhig schlendern – laut toben –

Wahlmöglichkeiten.

Verschmuste Pferde

turteln, Nüstern an Mähne,

einfach übern Zaun.

Flüchtiger Moment:

Traum ist weg, Tag noch nicht da,

schwebe im Nur-Hier.

Vögel zwitschern im
winterlichen Morgengrau -
Kommt der Frühling bald?

Der Saharastaub
in der klaren Luft lässt die
Sonne erbleichen.

Changierend zwischen
Hellgrau, Silber und Dunkelstgrau –
Himmelaquarell.

Ein Herbstbild steigt auf:

Stiller Septembermorgen,

Nebel-Sonne-Spiel.

Paillettenglitzer

zaubert im Takt der Musik

Boden-Licht-Spiele.

Auch wenn sie reich blüht,

schmeckt die Novemberrose

nach Herbstes Verfall.

Stampedegefühl –
neben dem Fußweg rasen
Pferde, quietschfidel.

The crisply cold air

in want of warmth conquers me

while lightly smirking.

Auf der Waldbank sitzt's:

Weiß gekleidet, sternbestreut:

Es war Weihnachten.